Teil 1

„Warum Covid die Welt erschreckt"

Die Geschichte eines unsichtbaren Winzlings

erzählt von fotolulu

Inhalt

Warum Covid die Welt erschreckt

Die Geschichte eine unsichtbaren Winzlings

Vor vielen Jahre saß ein kleiner Virus namens Covid in einer Höhle in der chinesischen Provinz Hubei. Die Höhle war dunkel, es war unangenehm kalt und Covid war alleine. An der Höhlendecke wohnte eine große Kolonie Fledermäuse. Es waren Hufeisennasen. Eine sehr gesellige Fledermausart. Jeden Abend flogen die Fledermäuse aus der Höhle, um auf Insektenjagd zu gehen. Covid war dann ganz alleine in der Höhle und sehnte sich nach etwas Wärme.

Eines Morgens schlich sich Covid an die Höhlendecke und wartete dort auf die heimkehrenden Fledermäuse. Als die Sonne aufgegangen war, kamen die Hufeisennasen zurück. Genau neben Covid landeten Herr Wang und Frau Li. Sie hängten sich mit den Hinterbeinen an die Höhlendecke, leckten ihr Fell sauber und erzählten von ihren Jagderfolgen. Zwischen den Fledermäusen war es schön warm und so fasste Covid einen Entschluss. Er krabbelte unbemerkt an den Beinen von Wang herunter, rutschte über die glatte Flughaut und landete im Mund von Herrn Wang.

Herr Wang hat davon nichts mitbekommen, denn Covid ist so winzig, das man ihn nur unter einem sehr starken Mikroskop sehen kann. Covid machte es sich in den warmen Schleimhäuten von Herrn Wang gemütlich und war glücklich. Wochenlang lebte er so im warmen Körper von Herrn Wang. Er flog jeden Abend mit auf die Insektenjagd und hing tagsüber Kopf abwärts von der Höhlendecke. Eigentlich war alles in Ordnung, denn Covid brauchte nicht mehr zu frieren und war in Gesellschaft.

Freunde müssen her

Was Covid jedoch fehlte waren wirkliche Freunde, mit denen er zusammen etwas unternehmen konnte. Covid erkundete Herrn Wang ein wenig von innen und entdeckte eine Wirtszelle in dessen Lunge. Das besondere an dieser Zelle war, dass Covid an diese andocken konnte, wie eine Rakete an die internationale Weltraumstation.

Nun konnte Covid ganz in die Wirtszelle eindringen und im Kern der Zelle konnte sich Covid selber vervielfältigen. Covid war von sich selber überrascht, damit hatte er nicht gerechnet.

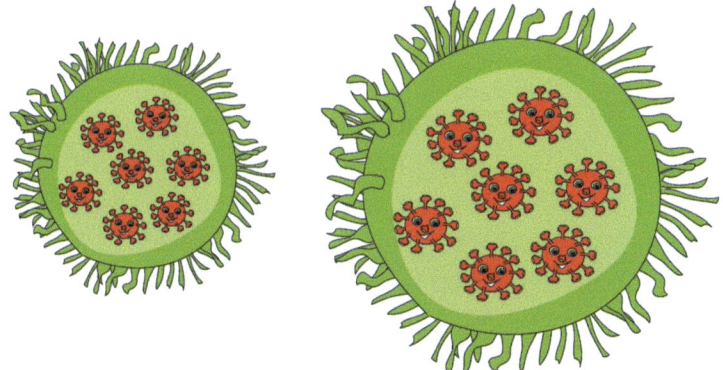

Schon nach kurzer Zeit gab es hunderte kleiner Covids und alle sahen gleich aus. Covid war begeistert und er machte eine riesige Party in Herrn Wangs Lunge.

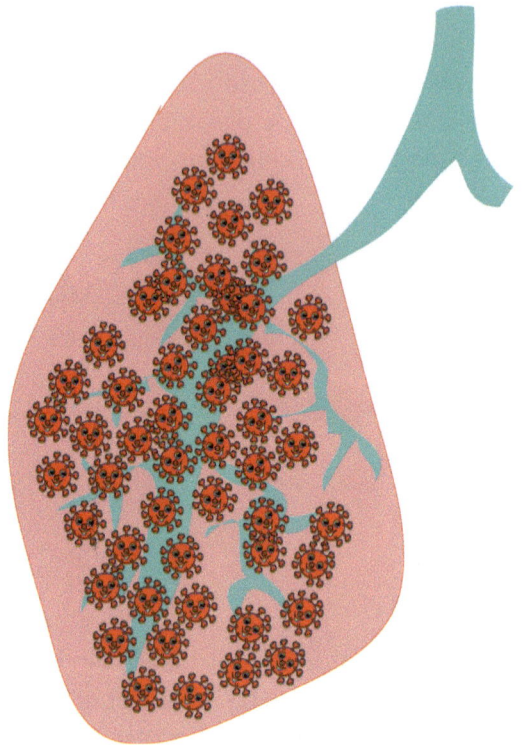

Als die Party so richtig in Gang war, musste Herr Wang plötzlich husten. Dabei gab es einen so starken Windstoß, dass viele der Partygäste weggerissen wurden. Sie wurden durch die Luftröhre katapultiert, in den Rachen von Herrn Wang und weil er den Mund offen hatte, flogen sie in die Höhle. Einige konnten sich an den vielen herumhängenden Fledermäusen festklammern. Die es nicht geschafft hatten, landeten auf dem Höhlenboden und sind schon nach kurzer Zeit erfroren.

Covid hatte Glück, er hatte sich rechtzeitig an einem Lungenbläschen festgeklammert. In den folgenden Tagen wurde das Leben von Covid von vielen Hustenanfällen des Herrn Wang begleitet. Covid kannte die Vorzeichen eines Hustenanfalls und konnte sich immer rechtzeitig in Sicherheit bringen. Die Hustenanfälle von Herrn Wang steckten nach und nach alle Fledermäuse in der Höhle an. Jetzt war in der Höhle ein ständiges Husten zu hören und alle Fledermäuse waren ein wenig genervt.

Irgendwann waren die Hustenanfälle von Herrn Wang und den anderen weg und Covid konnte mit all seinen Verwandten in Ruhe im Inneren der Fledermäuse leben.

Eines Tages hörte Covid, wie Herr Wang zu Frau Li sagte: „Stell dir vor, der Schopfhabicht vom Waldrand ist gestern gestorben." Völlig empört fragte Frau Li: „Ist das nicht der, der unseren Nachbarn Herrn Wung gefressen hat?" Herr Wang nickte: „Stimmt, das ist der Fledermausfresser." „Aber woran ist er denn gestorben?", wollte Frau Li wissen.

„Es heißt, er ist an einer Lungenentzündung gestorben, die von irgendwelchen Viren ausgelöst wurde." Covid überlegte kurz und stellte fest, dass wahrscheinlich seine Verwandten an dem Tod des Schopfhabichts schuld sein konnten. „Ist ja auch eine Frechheit, wenn ein Fremder einem das Zuhause wegfrisst", dachte Covid.
In den folgenden Jahren gab es immer wieder solche Vorfälle. Raubvögel und Schlangen, die einige der Fledermäuse gefressen hatten, mussten das mit ihrem Leben bezahlen.

Covid wunderte sich, warum die Fressfeinde der Fledermäuse gestorben sind, die Fledermäuse selber aber putzmunter blieben. Er beobachtete das Verhalten von Herrn Wang etwas genauer und ihm fiel auf, dass dieser einen besonderen Stoffwechsel hatte.

Herr Wang hatte ein sehr anstrengendes Leben. Mit bis zu 160 Stundenkilometer fliegt er jede Nacht auf der Suche nach Insekten stundenlang umher. Dabei schlägt sein kleines Herz eintausend Mal pro Minute. Damit Herr Wang das jede Nacht leisten kann, muss er an anderen Stellen Energie sparen. So hat Herr Wang auch ein sehr langsames Immunsystem, welches eigentlich Viren bekämpfen soll. Das aber kostet sehr viel Energie und so hat Herr Wang eine andere Strategie entwickelt. Die Immunzellen sind sehr langsam und lassen auch Covid in die Wirtszelle eindringen. Dort allerdings zerstört er den Eindringling nicht, was auch wieder zu viel Energie kosten würde, sondern hält ihn dort in Schach. So können Covid und Herr Wang wunderbar zusammenleben.

Die Eindringlinge

Eines Morgens kamen Menschen mit riesigen Keschern in die Höhle. Covid, Herr Wang und Frau Li hatten kein gutes Gefühl. Wie sich herausstellte, auch zurecht. Die Männer fingen hunderte der Hufeisennasen von der Höhlendecke und steckten sie in Säcke. Es war kein schöner Anblick und Panik machte sich breit. Auch Herr Wang und Frau Li wurden gefangen und mit ihnen auch Covid. Die Männer fuhren mit den vollen Säcken nach

Wuhan auf den Wildtiermarkt. Dort töteten sie die Fledermäuse und boten sie zum Verkauf an. Als einer der Männer Herrn Wang tötete, wurde Covid wütend und schmiedete einen Racheplan.

Beim letzten Atem-Ausstoß von Herrn Wang, hielt Covid sich nicht an einem der Lungenbläschen fest, sondern stellte sich in den Windstoß. Der letzte Atem reichte aus, um Covid aus dem Maul von Herrn Wang herauszuschleudern und er so am Mund des Mannes landete.

Sofort machte sich Covid auf den Weg ins Innere, bis hin zur Lunge und dockte dort an einer Wirtszelle an. Wütend vermehrte sich Covid und schon nach kurzer Zeit befielen Millionen Viren-Verwandte die gesamte Lunge des Fledermausmörders.

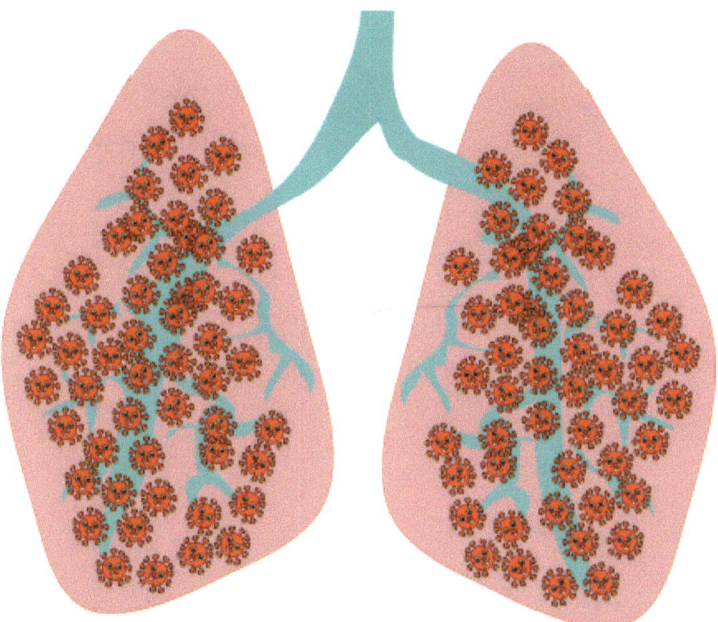

Der Rachefeldzug

Der Mann wurde krank und bekam eine starke Lungenentzündung. So erging es jedem, den er in den letzten zwei Wochen angehustet hatte oder mit denen er engen Kontakt hatte. Covid war tierisch wütend. Sein Racheplan ging auf und der Mann, der Herrn Wang getötet hatte, starb ebenfalls. Mit diesem Mann starb auch Covid. Seine Verwandten trauerten um ihn und beschlossen nun den Tod von Covid zu rächen. Nach dem

Covid beerdigt war, nahm der Wahnsinn seinen Lauf. Milliarden von Covids Verwandten zogen in den Krieg. Covid selber hätte dies wohl nie gewollt. Er wollte nur sich und seinen Wirt, Herrn Wang beschützen.

So geriet der Rachefeldzug der Viren außer Kontrolle und jeder Virus trug in Andenken an Covid eine schwarze Binde mit dem Aufdruck: Covid.

Das Jahr der Ratte

Der Rachefeldzug kam zu einem sehr unglücklichen Zeitpunkt. In China waren alle Menschen mit der Vorbereitung des wichtigsten Volksfestes beschäftigt. Das Chinesische Neujahr, auch Frühlingsfest genannt, stand unmittelbar bevor. Die Chinesen folgen dem Mondkalender und demnach ist Neujahr in China nicht am 1. Januar, sondern in diesem Fall am 25. Januar 2020.

Die Sage vom Chinesischen Neujahr

In alten Zeiten gab es ein bösartiges Monster mit scharfen Zähnen und Hörnern, das Nian genannt wurde. Sich das Jahr über in der dunklen See versteckend, würde es zum Ende des Mondjahres an Land gehen und die Menschen und deren Vieh jagen. Aus diesem Grund haben sich die Menschen jedes Jahr vor dem Neujahrsfest in die entlegenen Berge geflüchtet, um diesem Angriff Nians zu entgehen.

Eines Tages, als ein alter Mann das Dorf besuchte, sollte sich jedoch alles ändern. In diesem Jahr ist Nian nicht gekommen. Der alte Mann sagte den Dorfbewohnern „Das Monster ist leicht zu ängstigen. Besonders die Farbe rot mag es nicht. Es fürchtet laute Geräusche und unbekannte Kreaturen. Heute Nacht hüllt ihr das Dorf in rot, mit rotem Schmuck an jeder Tür. Macht Lärm mit Trommeln, lauter Musik und Feuerwerk. Und schützt eure Kinder. Gebt ihnen Masken und Laternen".

Die Bewohner haben genau das getan und Nian wurde nie wieder gesehen.

Auf Chinesisch heißt Neujahr „Guo Nian", wörtlich „den Nian bezwingen". Genau das haben die Bewohner getan.

Ein Teil der Neujahrstraditionen ist das Schmücken der Häuser mit roten Dekorationen. Die Straßen sind erfüllt von Musik, Trommeln und Feuerwerk.

Am 25. Januar 2020 sollte das Jahr der Ratte eingeleitet werden. Das hat mit den chinesischen Tierkreiszeichen zu tun. Zwölf Tiere gibt es und jedes Jahr wird durch eines dieser Tiere repräsentiert. Die Tierkreiszeichen bestehen aus Ratte, Ochse, Tiger, Hase, Drache, Schlange, Pferd, Ziege, Affe, Hahn, Hund und Schwein. In dieser Reihenfolge wiederholen sie sich also alle zwölf Jahre.

Jedem Tier werden bestimmte Eigenschaften zugesprochen:

Die Ratte ist sehr neugierig, einfallsreich, vielseitig, hat ein schnelles Reaktionsvermögen und kann sich jeder Umweltsituation anpassen.

Der Büffel ist bekannt für seinen Fleiß, Zuverlässigkeit, Kraft und Entschlossenheit.

Der Tiger ist mutig, frech, unberechenbar und etwas eigensinnig. Tiger stellen sich jeder Herausforderung.

16

Der Hase ist sanft, ruhig, wachsam, freundlich, geduldig und verantwortungsvoll.

Der Drache, als einziges Fabelwesen ist das vitalste und kräftigste Tier. Er symbolisiert Dominanz und Ehrgeiz.

Die Schlange gilt als verschwiegen, intelligent und weise.

Das Pferd ist besonders lebhaft, aktiv und energisch.

Die Ziege hat ein sanftmütiges Temperament, ist etwas scheu, mitfühlend und ausgeglichen.

Der Affe ist geistreich, verspielt, neugierig, raffiniert und macht gerne seine Faxen.

Der Hahn ist sehr achtsam, mutig und selbstsicher. Er ist offen, aufrichtig und erscheint immer attraktiv und hübsch.

Der Hund gilt als treu, aufrichtig, entgegen- kommend, liebenswürdig und besonnen.

Das Schwein ist fleißig, mitfühlend und großzügig.

Das Chinesische Neujahr ist ein Fest der Familien, die sich dann natürlich auch gegenseitig besuchen. Die Chinesen glauben, das neue Jahr gut zu beginnen, führe zu einem glücklichen Jahr mit Wohlstand. So hatten sich tausende Wanderarbeiter auf den Weg zu ihren Familien gemacht.

In der Stadt Wuhan erkrankten immer mehr Menschen und einige starben auch an den Folgen der Lungen- krankheit. Die Menschen wurden nervös und meldeten die Vorfälle der Weltgesundheitsorganisation (WHO).

Sofort wurde das gesamte Gebiet um Wuhan abgeriegelt, um die Verbreitung der Krankheit zu verhindern. Wissenschaftler und Ärzte machten sich auf die Suche nach dem Übeltäter. In einem Labor landete so eine Speichelprobe eines Patienten und der Wissenschaftler sah sie sich unter einem sehr starken Mikroskop genauer an.

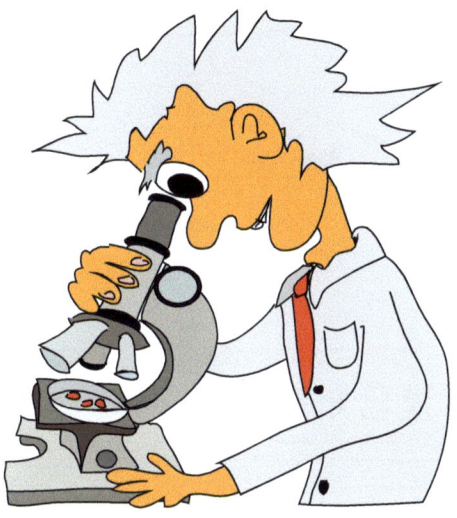

Er war überrascht, denn er fand ein Virus, das einem bereits bekannten Virus sehr ähnlich war. Damals erkrankten viele Menschen an einem SARS-Virus und so ähnlich sah nun auch der neue Virus aus. Der Wissenschaftler gab ihm den Namen SARS-CoV-2. Da dieser Name aber schlecht zu merken war, nannte man das Virus schließlich Coronavirus. Das gefiel aber den Wissenschaftlern nicht und nachdem ein weiterer Wissenschaftler die schwarze Binde mit der Aufschrift Covid entdeckte, nannte er den Virus Covid-19. Gemäß des Virenausbruchs im Dezember 2019.

Die kleinen Verwandten von Covid konnten damit gut leben, denn nun war ihr Held in der ganzen Welt bekannt.

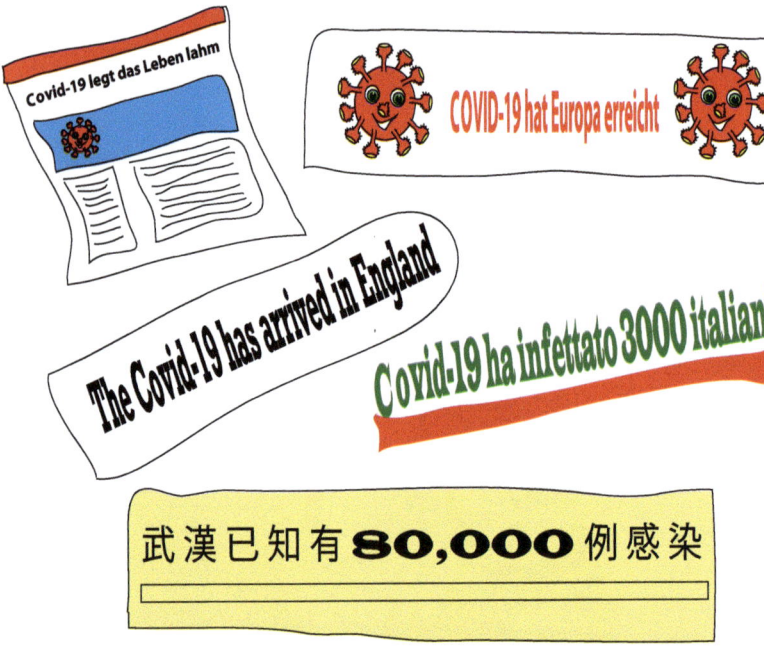

Ein Verwandter war besonders stolz, es war der erste „Zwilling" von Covid, Covid-Zwei, der in einer jungen chinesischen Frau überlebt hatte. Sie war zu Besuch in Wuhan, musste aber nach einer Woche wieder nach Hause. Sie hatte keine Symptome gezeigt und niemand wusste, dass Covid-Zwei in ihr lebte. Die Frau mit dem Namen Li Liang lebte unbeschwert in Beijing, der Hauptstadt von China. In Wuhan wurde zu dieser Zeit eine Epidemie ausgerufen und keiner durfte mehr ein- oder ausreisen. Tausende Menschen infizierten sich in kürzester Zeit und ein Ende war nicht abzusehen.

Die Europareise

Frau Li Liang und Covid-Zwei bekamen davon nicht viel mit, denn sie wohnten 1.200 Kilometer entfernt, in einer kleinen Wohnung in Beijing. Frau Li Liang arbeitete in einem Werk, das Autoteile für die ganze Welt produzierte. Eines Tages wurde sie von ihrem Chef nach Deutschland geschickt. Dort fand ein Seminar statt, an dem sie unbedingt teilnehmen sollte.

Frau Li Liang buchte einen Flug, ein Hotel und machte sich auf den Weg nach Deutschland. Mit ihr reiste Covid-Zwei, der sich jedoch in der letzten Woche millionenfach vermehrt hatte. Frau Li Liang hatte leichten Husten und so steckte sie ihre Familie an, einige Arbeitskollegen, den Taxifahrer, der sie zum Flughafen brachte und einige Passagiere im Flugzeug. So verteilte Frau Li Liang den Virus weiter und er konnte mehrere Landesgrenzen überwinden. Einige der Fluggäste, die sich ansteckten, flogen nach Italien, andere in den Iran, nach Amerika und so weiter.

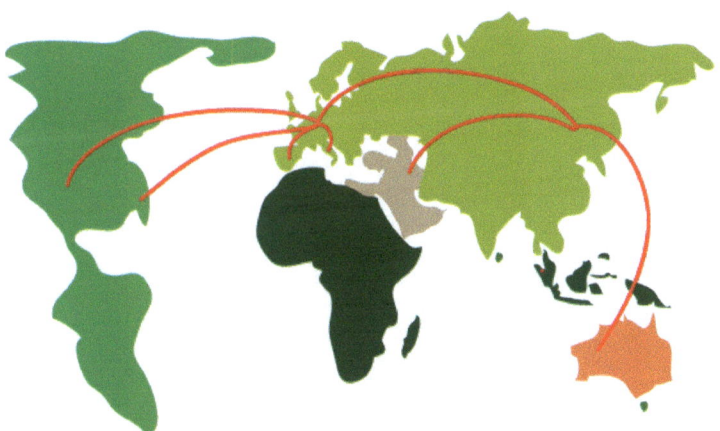

Covid-Zwei landete mit Frau Li Liang in Frankfurt und sie fuhren ins Hotel. Das Seminar dauerte drei Tage und in dieser Zeit hatten sich einige Seminarteilnehmer angesteckt. Auch Covid-Zwei hatte sich mit einem Hustenanfall von Frau Li Liang übertragen lassen. Er lebte nun in Herrn Müller, der in einem kleinen Dorf in Nordrhein-Westfalen wohnt. Covid-Zwei lebte und vermehrte sich also in Herrn Müller, der davon aber nichts wusste.

Auch in Deutschland kam der Virus zu einer sehr ungünstigen Zeit an. Es war Karneval und Herr Müller war ein begeisterter Karnevalist. So besuchte Herr Müller zusammen mit Covid-Zwei und seinen Verwandten eine Karnevalsfeier. Zu jeder Karnevalsveranstaltung gehört das „Bützchen", wie der Karnevalist ein Küsschen nennt. Das war natürlich fatal, denn so wurde der Virus sehr leicht und schnell verbreitet.

Pandemie-Alarm

Zum selben Zeitpunkt gab es immer mehr Meldungen aus vielen Ländern der Erde und so entschloss sich die Weltgesundheitsorganisation (WHO) dazu, eine Pandemie auszurufen.

Wenn sich sehr viele Menschen mit einem Virus infizieren, spricht man von einer Epidemie. So lange sich die Ausbreitung auf ein kleines Gebiet oder Land beschränkt, bleibt es eine Epidemie. Wenn sich die Krankheit jedoch länder- oder sogar kontinentübergreifend ausbreitet, redet man von einer Pandemie.

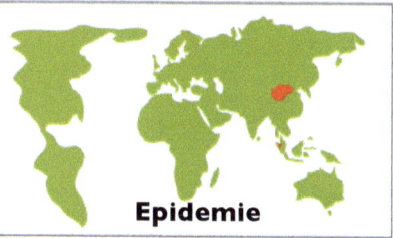
Epidemie

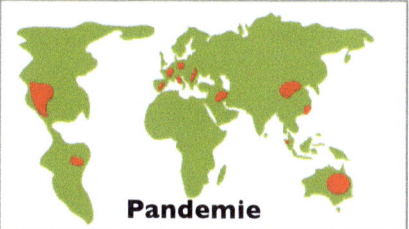
Pandemie

Pandemien gibt es schon seit hunderten von Jahren. Die bekanntesten Pandemien der Geschichte waren die Pest, die Spanische Grippe, die Schweinegrippe, die Vogelgrippe und HIV. Weil man von diesen Pandemien weiß, dass sie viele Millionen Menschen getötet haben, ist man sehr vorsichtig geworden. Darum gibt es strikte Regeln, die von der Weltgesundheitsorganisation (WHO) in einem internationalen Pandemieplan festgelegt wurden. Jedes Land hat auf dieser Grundlage eigene Pandemiepläne erstellt. In Deutschland dient der Nationale Pandemieplan als Grundlage notwendiger Schutzmaßnahmen und wird regelmäßig aktualisiert.

So ein Plan ist wichtig, weil niemand weiß, wann, wo und in welcher Form eine neuartige Viruserkrankung ausbricht. Es geht darum, bei einem Ausbruch die Infektionsketten zu unterbrechen und so schnell wie möglich einen Impfstoff zu finden.

Der tägliche Umgang mit Corvid

In der Folgezeit wurden viele Maßnahmen getroffen, um die Verbreitung einzudämmen. Das Wichtigste dabei war die Einhaltung persönlicher Regeln. Mit einfachen Maßnahmen kann jeder helfen, sich selbst und andere vor Infektionskrankheiten zu schützen.

Die wichtigsten Hygienetipps:

Niese oder huste in die Armbeuge oder in ein Taschentuch – und das Taschentuch anschließend in einem Mülleimer mit Deckel entsorgen.

Halte die Hände vom Gesicht fern – vermeide es, mit den Händen Mund, Augen oder Nase zu berühren.

Halte ausreichend Abstand zu Menschen, die Husten, Schnupfen oder Fieber haben – auch aufgrund der andauernden Grippe- und Erkältungswelle.

Vermeide Berührungen (z.B. Händeschütteln oder Umarmungen) – wenn du andere Menschen begrüßt oder verabschiedest.

Wasche regelmäßig und ausreichend lange (mindestens 20 Sekunden) deine Hände mit Wasser und Seife – insbesondere nach dem Naseputzen, Niesen oder Husten.

Was kann noch helfen die Verbreitung zu stoppen?

Bleibe so oft es geht zu Hause. Lese ein gutes Buch, lerne für die Schule, male oder bastel tolle Sachen.

Oma und Opa solltest du jetzt nicht besuchen, denn gerade ältere Menschen und Menschen mit chronischen Krankheiten sind sehr gefährdet. Rufe sie an, schreibe eine E-Mail oder seht euch über ein Videochat.

Wenn du Bekannte oder Freunde triffst, halte Abstand. Händeschütteln und Umarmungen müssen vermieden werden. Es gibt bestimmt auch andere coole Formen sich zu grüßen, die in einem Sicherheitsabstand von 1 bis 2 Metern ausgeführt werden können.

Wenn jemand in deiner Familie erkrankt ist, muss die ganze Familie sehr vorsichtig sein und sollte jeden Kontakt zu anderen Personen vermeiden.

Geht es dir gut, kannst du anderen helfen. Du kannst Oma und Opa, älteren Nachbarn oder Freunden, die ihre Wohnung nicht verlassen dürfen, helfen. Du kannst für sie Einkaufen gehen, solltest den Einkauf dann aber vor die Tür stellen und jeden direkten Kontakt vermeiden.

Wie geht das Leben weiter?

Wenn wir es schaffen, dass sich Covid-Zwei und seine Verwandten nicht weiter verbreiten, wird der Rachefeldzug von Covid ein Ende finden.

Müssen wir die Vieren nun verteufeln?

Wer ist schuld an der Pandemie? Der kleine unscheinbare Virus? Die Fledermäuse? Die Fledermausfänger? Die Menschen, die Fledermäuse essen?

Die Antwort ist wohl, dass keinem einzelnen die Schuld in die Schuhe geschoben werden kann, denn es liegt an der Verkettung. Fledermäuse werden schon hunderte von Jahren gegessen und es ist nie etwas passiert. Sie wurden ebenso lange gefangen. Die Fledermäuse tragen generell Viren in sich und die Viren haben die Menschen nicht einfach so angefallen. Die Epidemie war also das Produkt mehrerer, zusammentreffender Faktoren. Das aus der Epidemie eine Pandemie wurde, ist der Globalisierung geschuldet. Nicht nur die Menschen und Waren können unkompliziert reisen, auch die Viren überwinden so die Landesgrenzen.

Wir Menschen sind in der Lage zu lernen und so sollten wir auch aus dieser Pandemie lernen. Wir sollten nicht an alten Gewohnheiten festhalten, auch wenn sie über Generationen keine Probleme verursacht haben. Die Welt entwickelt sich ständig weiter. Tiere sterben aus, neue Arten entwickeln sich und so ist es auch bei den kleinsten Lebewesen wie den Viren und Bakterien. Wir müssen mit ihnen leben, auch wenn sie eine Gefahr für die Menschheit sein können.

Duisburg 15.03.2020

Quellenverzeichnis:
https://www.chinarundreisen.com/das-chinesische-fruehlingsfest/
https://www.rki.de/SharedDocs/FAQ
https://www.infektionsschutz.de/coronavirus-sars-cov-2.html

Teil 2
„Covid ist da,
was nun?"

Die Geschichte geht weiter

erzählt von fotolulu

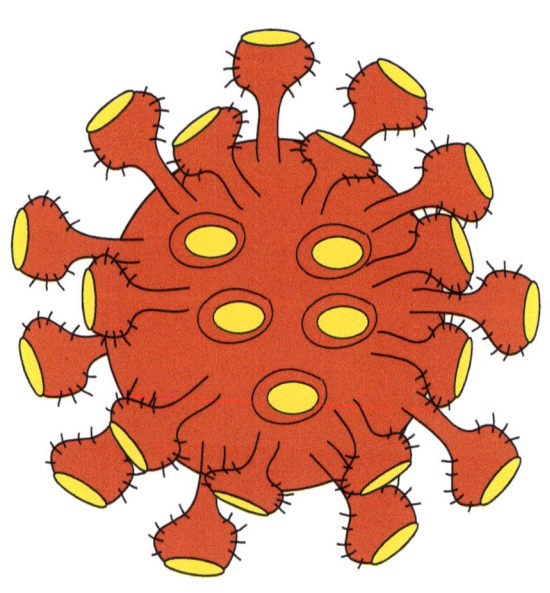

Inhalt

Teil 2
„Covid ist da, was nun?"

Covid - wer bin ich?

Ich bin eigentlich kein echtes Lebewesen, ich muss auch nicht essen und kann mich auch nicht selber vermehren. Ich bin eine Art Eiweißkugel und im Inneren habe ich ein paar Erbinformationen, die mir sagen, was ich tun muss. Die Hauptinformation ist, dass ich mich vermehren muss.

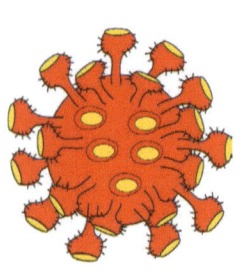 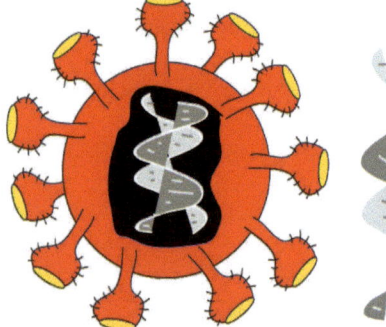 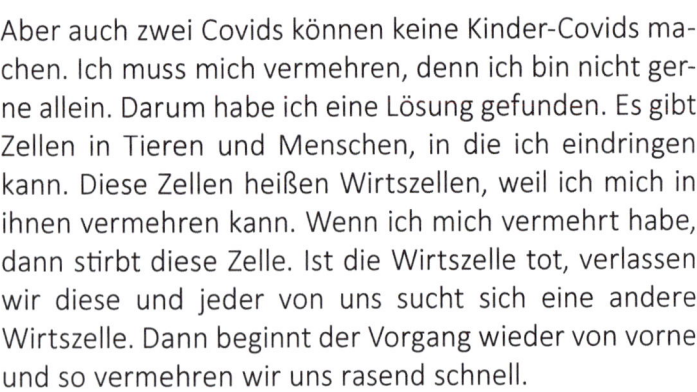

Aber auch zwei Covids können keine Kinder-Covids machen. Ich muss mich vermehren, denn ich bin nicht gerne allein. Darum habe ich eine Lösung gefunden. Es gibt Zellen in Tieren und Menschen, in die ich eindringen kann. Diese Zellen heißen Wirtszellen, weil ich mich in ihnen vermehren kann. Wenn ich mich vermehrt habe, dann stirbt diese Zelle. Ist die Wirtszelle tot, verlassen wir diese und jeder von uns sucht sich eine andere Wirtszelle. Dann beginnt der Vorgang wieder von vorne und so vermehren wir uns rasend schnell.

Also in wenigen Tagen werden aus einem Covid Millionen Covids. Ich bin wirklich winzig und man sieht mich nur unter einem ganz speziellen Elektronen-Mikroskop. Weil wir aber so viele sind, machen wir das Tier oder den Menschen krank.

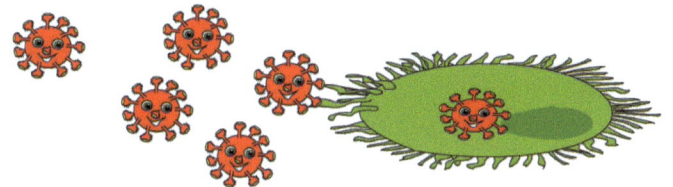

Wir lieben die Lunge und dort vermehren wir uns besonders gerne. Deshalb bekommen die Menschen, die von uns Covids krank werden, eine Lungenentzündung. Aber nicht alle Covids leben in der Lunge. Manche bleiben schon im Hals stecken und machen dann furchtbares Halskratzen. Andere sausen durch die Blutbahn durch den ganzen Körper. So gelangen sie auch in die Leber, in das Herz und die Muskeln - sogar in das Gehirn! Deshalb können neben der Lunge auch andere Organe krank werden.

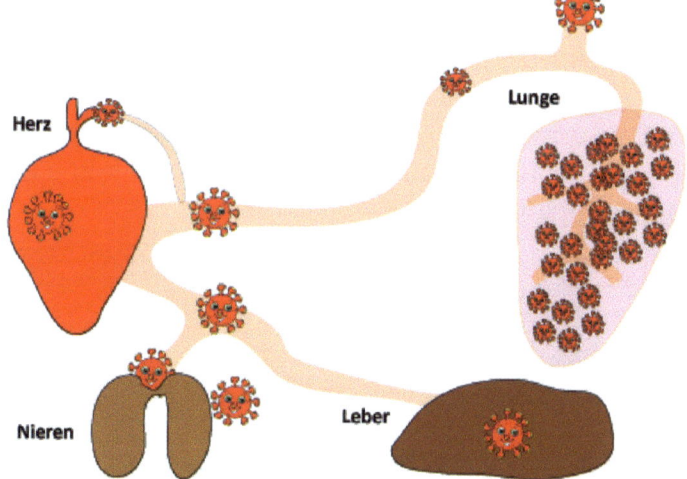

31

Meine Feinde

Ich habe mehrere Feinde, aber am schlimmsten sind die Abwehrkräfte, sozusagen die Gesundheitspolizisten des menschlichen Körpers. Kaum sind wir in den Körper eingedrungen, kommen tausende von ihnen. Sie versuchen, uns zu vertreiben. Dabei haben sie einen guten Trick. Sie versperren uns den Eingang zu den Wirtszellen. Sie stellen sich einfach in den Weg. Dann können wir nicht in die Wirtszelle eindringen, um uns zu vermehren.

Ob die Gesundheitspolizei erfolgreich ist oder nicht, liegt am Abwehrsystem des Menschen. Die Menschen, die ein starkes Abwehrsystem haben, werden gar nicht krank oder bekommen nur eine kleine Erkältung. Bei den Menschen mit einem schwachen Abwehrsystem sind zu wenig Gesundheitspolizisten unterwegs. Dort können wir uns dann richtig gut vermehren und diese Menschen werden dann schwerkrank.

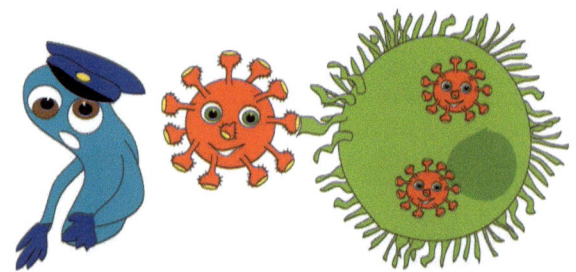

Wie wir viele Menschen anstecken

Wenn wir in der Lunge eine sterbende Wirtszelle verlassen, kann es passieren, dass der Mensch gerade hustet oder ausatmet. Dann haben wir ein Problem, denn mit dem Windstoß werden wir aus der Lunge geschleudert. An winzigen Tröpfchen klammern wir uns fest und fliegen so durch die Luft, (Das ist die Tröpcheninfektion). Ihr könnt euch das so vorstellen: Wenn ihr im Winter ausatmet, seht ihr eine „Qualmwolke". Diese besteht aus vielen kleinen Wassertröpfchen und genau daran halten wir uns fest.

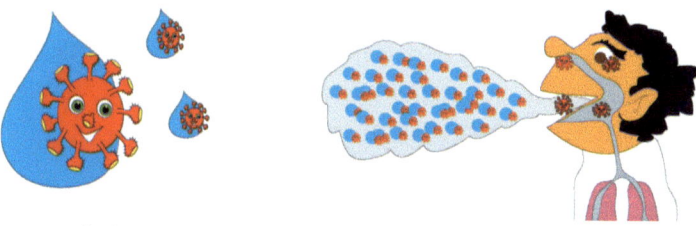

Eigentlich würden wir dann nach kurzer Zeit sterben. Wenn wir aber mit den Tröpfchen in dem Mund eines anderen Menschen landen, dann haben wir Glück. Der Mensch hat weniger Glück, denn wir können uns dann in ihm vermehren. Kaum eine Chance haben wir, wenn die Menschen alle einen Mundschutz tragen und einen großen Abstand zueinanderhalten.

Ein paar Stunden können wir auch auf Türklinken und anderen Flächen überleben. Wenn jemand die Türklinke anfasst, dann sitzen wir Covids auf der Hand. Davon wird der Mensch aber nicht krank. Wenn er sich jedoch mit der Hand an Mund, Nase oder Augen fasst, können wir so in seinen Körper gelangen. Das versuchen

die Menschen mit gründlichem und häufigem Hände-
waschen zu verhindern.

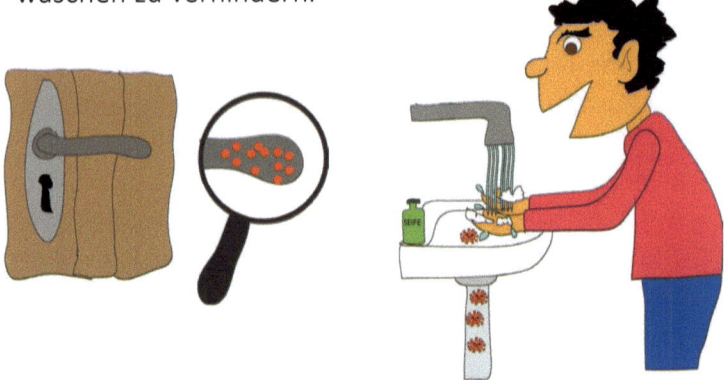

Das heißt, wir können von Mensch zu Mensch übertragen werden und so sehr viele Menschen krank machen. Der Mensch spricht dann von einer ansteckenden
Krankheit, einer Infektionskrankheit.

Gibt es noch Verwandte von mir?

Ja, und jede Art von Virus ist sehr speziell und es gibt
viele verschiedene. Jedes Virus verhält sich anders im
Körper und verursacht bestimmte Krankheiten. Krankheiten, die von Viren verursacht werden, sind zum Beispiel: Ebola, Windpocken, Masern, Röteln, Kinderläh-
mung und Mumps, außerdem Aids, aber auch die echte
Grippe (heißt im Fach-Jargon „Influenza" und ist nicht
zu verwechseln mit einer harmlosen Erkältung).

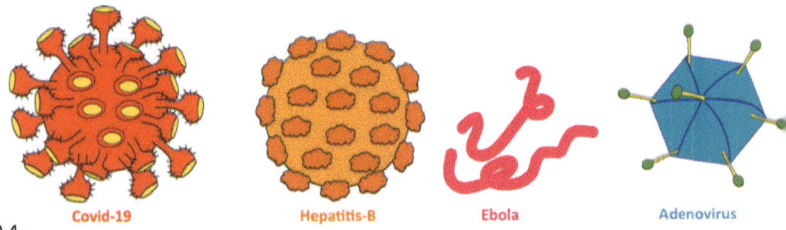

Covid-19   Hepatitis-B   Ebola   Adenovirus

Die meisten Viren aber leben in Tieren und bleiben auch dort. Viele Viren leben in Tieren, ohne sie krank zu machen. Tiere können aber auch erkranken. Der Fuchs kann Tollwut bekommen, die Kuh die Maul- und Klauenseuche, der Hund Staupe und so weiter. Dass ein Virus von einem Tier auf den Menschen übertragen wird, ist sehr selten. Wenn Ihr Menschen aber immer weiter in die Lebensräume der Tiere eindringt, kommt Ihr auch in Kontakt mit uns Viren. So haben sich einige Viren so verändert, dass sie sich auch in Euch Menschen vermehren können.

So war es auch bei mir, dem Covid. Ich lebte lange Zeit glücklich und zufrieden in Fledermäusen. Wie und warum ich mich entschlossen haben, die Menschen zu befallen, habe ich Euch ja schon in der Geschichte: „Warum Covid die Welt erschreckt" erzählt.

Was mache ich im menschlichen Körper?

Wie wir in den Körper kommen, habe ich Euch ja schon erzählt. Nachdem wir uns vermehrt und die Wirtzelle verlassen haben, erkunden wir den menschlichen Körper. In den Blutbahnen lassen wir uns treiben und gelangen so auch in die Leber, zum Herzen, ins Gehirn, in die Muskeln und so weiter.

Am besten gefällt es uns aber in der Lunge. Dort vermehren wir uns am liebsten. Weil wir nun so viele sind, kommt es zu einer Entzündung. Das ist eine Art Kampf zwischen uns Viren und der Gesundheitspolizei. Es kommt zu einem heißen Kampf zwischen uns, so dass die Körpertemperatur ansteigt und der Mensch Fieber bekommt.

Das ist das erste Zeichen für eine Lungenentzündung. Auch die Lunge versucht uns loszuwerden, indem sie einen Hustenreiz auslöst. Sie versucht uns also mit dem Husten aus sich herauszuschleudern. Weitere Zeichen für eine Lungenentzündung sind Luftnot und Müdigkeit.

Warum machen wir Covids viele Menschen kaum krank, aber einige wenige dafür sehr schwerkrank?

In vielen Menschen haben wir keine Chance gegen die Gesundheitspolizei und nach einigen Tagen haben sie uns besiegt. Manchmal aber gibt es nicht genug Gesundheitspolizisten oder die Gesundheitspolizei ist gerade mit anderen Krankheiten beschäftigt. Das ist so bei Menschen, die zum Beispiel Probleme mit dem Herzen haben, schwer zuckerkrank oder bereits lungenkrank sind. Auch ältere Menschen haben oft Krankheiten, welche die gesamte Aufmerksamkeit der Gesundheitspolizei in Anspruch nehmen.

Dann können wir uns leichter vermehren und der Mensch wird richtig schwer krank. Nicht nur die Lunge wird dann von uns belagert, sondern auch andere Organe wie das Herz. Das Herz muss bei einer Lungenentzündung viel mehr arbeiten. Das Herz versorgt den Körper mit Sauerstoff und der ist gerade knapp.

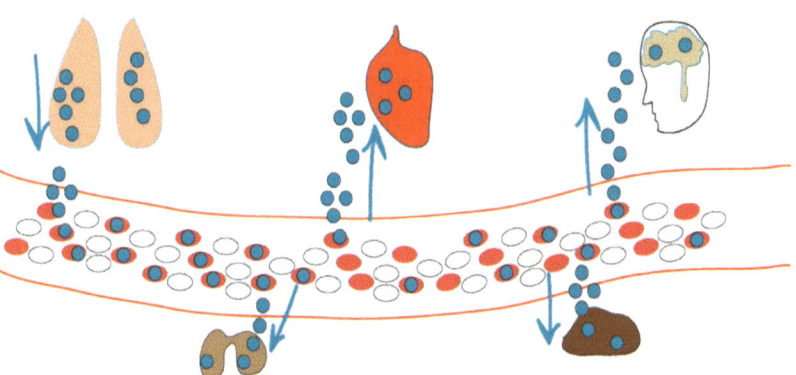

Warum ist der Sauerstoff knapp? Weil die Lunge entzündet ist, kann sie nicht genug Sauerstoff beim Atmen aufnehmen und an das Blut übergeben. Der Mensch bekommt dann schlecht Luft. Das versucht die Lunge durch schnelles Atmen auszugleichen und wenn die Lunge schneller arbeitet, muss das Herz das auch tun.

Ein schwaches Herz bekommt dann schnell Probleme. Dann ist die Gesundheitspolizei überfordert und wir können uns auch dort vermehren. Das kann dann neben der Lungenentzündung auch eine Entzündung am Herzen verursachen.

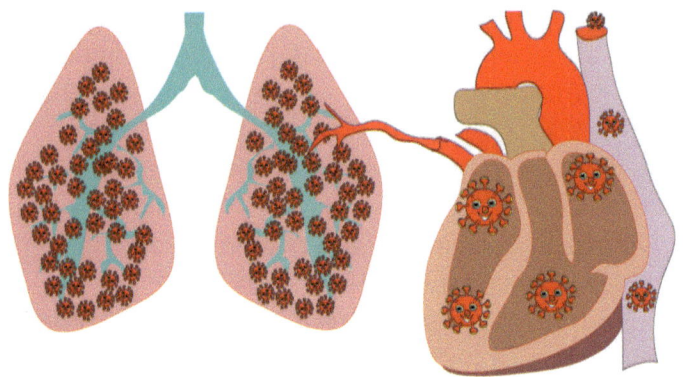

Der Körper wird dann noch mehr geschwächt, weil nicht ausreichend Blutsauerstoff vom Herzen transportiert wird. Sauerstoff wird aber dringend in jeder einzelnen Zelle des Körpers benötigt. Der Sauerstoff ist mit dem Benzin beim Auto zu vergleichen. Ist kein Benzin im Tank, kann das Auto nicht fahren. So ist es im Körper auch. Er funktioniert nicht ohne die Energie aus dem Sauerstoff.

Wenn viele dieser Probleme zusammenkommen, muss der Mensch ins Krankenhaus.

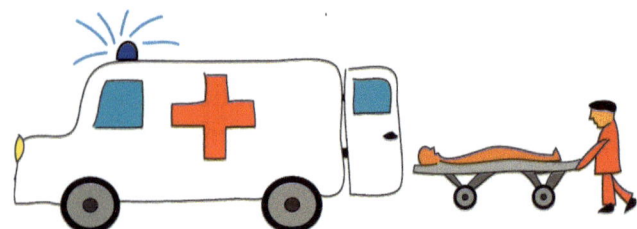

Wie mir die Ärzte an den Kragen wollen

Im Krankenhaus wollen die Ärzte sofort wissen, ob ich, der Covid schuld bin. Es kann ja auch sein, dass es ein Grippevirus ist, das so ähnlich krank macht. Dazu machen Sie einen Abstrich. Mit einem übergroßen und sehr langen Wattestäbchen wischen sie tief im Rachen herum. Das Wattestäbchen kommt dann in eine Glasröhre und wird in ein Labor geschickt. Dort wird die Probe untersucht. Mit viel Technik kann im Labor festgestellt werden, ob in der Probe ein paar von uns Covids stecken.

Hat man uns im Labor entdeckt, schicken sie die Information an das Krankenhaus. Die Ärzte sagen dann, der Test ist positiv. Der Patient kommt sofort in einen speziellen Raum, indem nur Leute mit Verdacht auf Covid untersucht werden. Dann untersucht der Arzt den Patienten etwas genauer. Er berechnet den Sauerstoffgehalt im Blut, um zu sehen, ob die Lunge noch gut funktioniert. Danach überprüft der Arzt die Funktion des Herzens.

Dafür klebt er kleine runde Plastikscheiben mit Kabeln auf den Oberkörper, die mit einem Bildschirm verbunden sind. Auf dem Bildschirm kann er dann genau sehen, wie oft und wie schnell das Herz schlägt. Dann gibt es noch einen kleinen Pikser, denn es muss noch Blut abgenommen werden. Das wird dann ganz schnell im Labor untersucht.

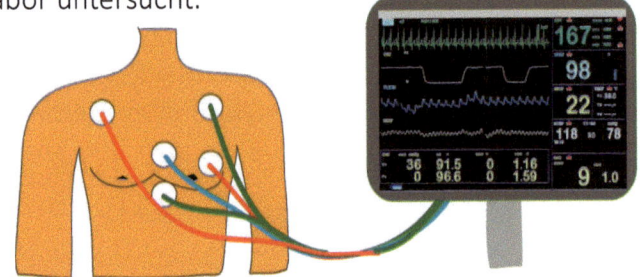

In der Zwischenzeit erhält der Patient eine CT-Untersuchung, mit einer großen Maschine, mit der man viele Aufnahmen vom Inneren des Patienten machen kann. Den Arzt interessiert vor allem, wie die Lunge von innen aussieht. Am Bildschirm kann man dann sehen, ob der Patient eine Lungenentzündung hat. Ist die Lunge wirklich entzündet, sieht man auf dem Bild viele weiße Schleier in der Lunge.

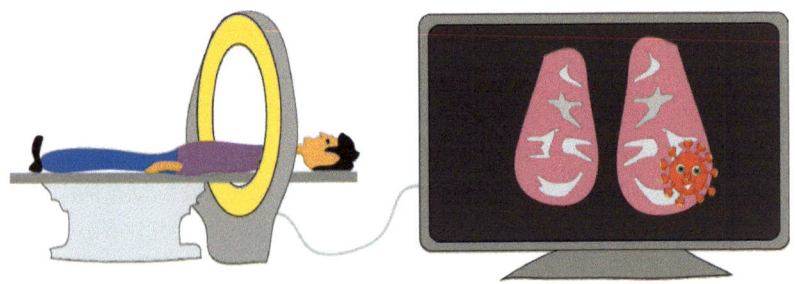

Wenn alle Ergebnisse der Untersuchungen da sind, schaut der Arzt sich diese genau an. Wenn es nicht so schlimm ist, dann kann der Patient nach Hause gehen. Er muss dann aber für zwei Wochen dort bleiben und darf keine andere Person treffen. Das nennt man Quarantäne. Das ist notwendig, damit er niemanden ansteckt. In diesen zwei Wochen wird uns die Gesundheitspolizei besiegen und der Patient gilt als geheilt. Danach kann er keine andere Person mehr anstecken.

Geht es dem Patienten schlecht und er klagt über Luftnot, dann wird der auf eine spezielle Covid-Station gebracht. Auf dieser Station liegen nur Patienten, die an Covid erkrankt sind. Dort müssen sehr wichtige Regeln eingehalten werden, weil wir Covids uns so gern und leicht verbreiten. Alle Pfleger und Ärzte müssen einen speziellen Mundschutz, eine Schutzbrille, eine Haube, einen Plastikkittel und Handschuhe tragen. Sie müssen sich auch sehr oft die Hände desinfizieren.

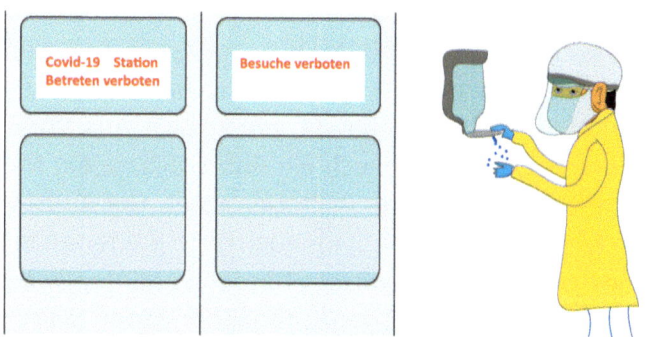

Auch die Reinigungskräfte müssen die Schutzkleidung tragen und desinfizieren alle Flächen und Türklinken regelmäßig. Weil wir Covids in geschlossenen Räumen auch in der Luft schweben, müssen die Patientenzimmer sehr oft gelüftet werden. Auf diese Covid-Station dürfen auch keine Besucher.

Der Patient bekommt erst einmal eine kleine Maske auf Mund und Nase, die ihn über kleine Schläuche mit Sauerstoff versorgt. Das erleichtert ihm das Atmen. Dann bekommt der Patient wieder die Plastikscheiben aufgeklebt, damit sein Herz auf dem Bildschirm überwacht werden kann. Auf einen Finger wird eine kleine Plastikklammer gesteckt, die auch mit dem Bildschirm verbunden ist. Damit kann gemessen werden, wie viel Sauerstoff im Blut ist.

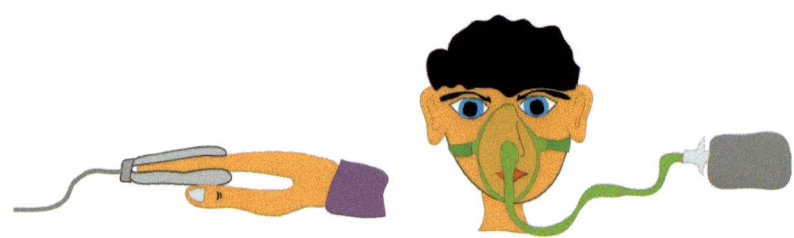

Der Patient bekommt dann noch einige Medikamente. Aber keines der Medikamente kann uns Covids vertreiben. Es gibt keine Tablette, die uns vernichten würde. Die Medikamente, die der Patient bekommt, helfen dem Körper aber im Kampf gegen uns. Aus Vorsicht bekommt der Patient auch ein Antibiotikum, ein Medikament, das schädliche Bakterien tötet. Die Ärzte wissen, wenn sich zu uns Covids auch noch Bakterien in die Lunge gesellen, dann wird es für den Patienten wirklich gefährlich.

Mit diesen Maßnahmen erholt sich der Patient normalerweise recht gut und seine Gesundheitspolizei kann uns Covids bezwingen. Nach etwa zehn Tagen können die Patienten dann nach Hause geschickt werden, wo sie auch zwei Wochen in Quarantäne bleiben müssen.

Was passiert, wenn wir Covids schlecht zu bremsen sind?

Bei einigen Patienten können wir uns so stark in der Lunge vermehren, dass die „normale Behandlung" nicht wirkt. Diesen Patienten geht es immer schlechter und sie brauchen mehr Hilfe, vor allem beim Atmen. Die kleine Sauerstoffmaske wird dann gegen eine größere ausgetauscht. Mit dieser besonderen Maske kann der Sauerstoff mit ein wenig Druck den Patienten beim Luftholen unterstützen. Das erleichtert dem Patienten das richtig tiefe einatmen. Vielen Patienten hilft das und sie können schon bald aus dem Krankenhaus entlassen werden.

In ganz wenigen Fällen lassen wir Covids uns nicht so einfach vertreiben. Bei diesen Patienten nimmt die Luftnot zu. Dann müssen sie auf eine Intensivstation verlegt werden. Auf einer Intensivstation werden die Patienten rund um die Uhr noch genauer überwacht. Wenn die Luftnot sehr stark ist und kaum noch Sauerstoff ins Blut kommt, muss der Patient beim Atmen noch mehr unterstützt werden. Dem Patienten wird ein Schlauch direkt in die Luftröhre geschoben. Das nennt

43

der Arzt „Intubieren". Damit der Patient davon nichts merkt, wird er in ein künstliches Koma gelegt. Das ist eine Art Tiefschlaf. Das kann man mit speziellen Medikamenten sehr gut umsetzen und dabei auf den Patienten aufpassen.

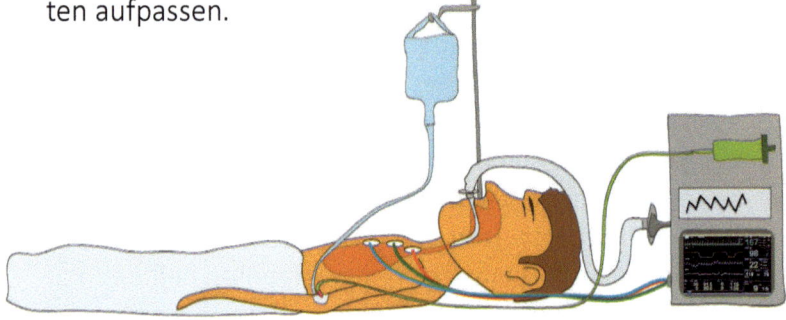

Wenn sich der Patient wieder erholt hat und es ihm besser geht, wird der Schlauch wieder entfernt. Dann wird das Medikament zum Schlafen langsam verringert, bis der Patient wieder wach ist. Geht es ihm wieder besser, kommt er wieder auf die spezielle Covid-Station zurück und bleibt dort, bis er wieder nach Hause kann.

In wenigen Fällen sterben auch Patienten, weil die Gesundheitspolizei zu schwach war oder das Herz die hohe Belastung nicht verkraftet hat. Das ist sehr traurig für die Angehörigen und die Ärzte. Auch wir Covids haben uns dann selbst vernichtet, denn mit dem Menschen sterben auch wir.

Wo kommen wir Covids nun wirklich her?

In dem Buch „Warum Covid die Welt erschreckt" liegt der Ursprung in China und kommt von den Fledermäusen. Das beruht auf den Informationen, die um die Welt gingen. Wie und von wem genau wir Covids auf den Menschen übertragen wurden wird wohl immer unser Geheimnis bleiben.

Es ist auch egal, von welchem Tier wir stammen. Genauso unwichtig ist, wie die Übertragung stattgefunden hat. War es wie im Buch beschrieben? Oder bin ich von einer Fledermaus auf ein Schuppentier gefallen und so auf den Wildtiermarkt in Wuhan gekommen? Haben Wissenschaftler vielleicht die Fledermäuse untersucht und sich dabei angesteckt?

Ihr werdet es nie erfahren und es ist auch nicht wichtig.

Wichtig ist, dass ihr versteht, warum Viren von Wildtieren auf den Menschen übertragen werden.

Wir Viren sind nicht in der Lage diese Entscheidung selber zu treffen. Wir können weder denken, laufen, fliegen noch springen. Auch die Wildtiere übergeben uns nicht mutwillig an euch Menschen.

Es liegt zum einen daran, dass Menschen den Tieren zu nahe kommen. Sie dringen immer weiter in schützenswerte Gebiete vor. Dazu gehören die Urwälder im Amazonas, die Regenwälder auf Borneo und viele andere Naturschutzgebiete auf der ganzen Welt. Die Tiere, die dort leben, tragen alle Viren in sich. Würden die Menschen die Tiere in Ruhe lassen, gäbe es weniger Probleme mit Wildtier-Viren.

Eine weitere Möglichkeit, uns zu übertragen, sind das Jagen und Essen von Wildtieren sowie der Handel mit lebenden Exoten.

Nur durch den direkten Kontakt mit Wildtieren können wir in Euren Körper gelangen. Egal, ob die Tiere lebend gehandelt werden oder ob sie auf Wildtiermärkten landen, wo sie zum Verzehr geschlachtet und verkauft werden.

Die dritte Möglichkeit, dass wir Euch krank machen, ist die Massentierhaltung.

Beispiele dafür sind die Schweine- und die Vogelgrippe. Wo viele Tiere auf kleinem Raum gehalten werden, können wir Viren uns schnell verbreiten. Der ständige Kontakt zwischen den Tieren und den Tierpflegern ist deshalb sehr gefährlich.

Was sollte euch das sagen?

Ihr Menschen, müsst Euren Umgang mit der Natur grundlegend überdenken. Ihr müsst die Urwälder schützen und dürft nicht zulassen, dass sie aus Geldgier abgeholzt und ausgebeutet werden.

Ihr müsst die unkontrollierte Jagd und den Handel mit Wildtieren verhindern.

Ihr müsst den weltweiten Fleischkonsum einschränken. Ansonsten wird es immer mehr Massentierhaltung geben.

Die Natur ist auf euch nicht angewiesen – aber Ihr seid von einer gesunden Natur abhängig!

Etwas zu meiner Geschichte

Vermutet wird, dass ich den ersten Menschen bereits im November 2019 infiziert habe. Die ersten Meldungen erreichten die Welt im Dezember 2019. In Wuhan, der Hauptstadt der zentralchinesischen Provinz Hubei waren bereits 27 Menschen an uns Covids erkrankt. Eine Woche später haben mich chinesische Wissenschaftler entdeckt. Von da an war ich bekannt und die Nachricht ging um die Welt. Aber nicht nur die Nachricht verbreitete sich sehr schnell, sondern auch wir Covids. So ist es ja auch in der Geschichte von Covid beschrieben.

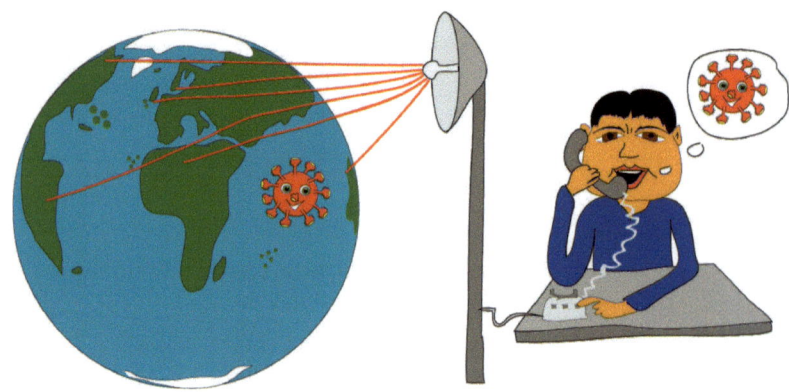

Wie ging es aber weiter, nachdem ich mich auf der Welt verbreitet hatte?

Noch am 18. Januar 2020 versammelten sich knapp 40.000 Familien in Wuhan zum chinesischen Neujahrsfest. Dabei wurde eine besonders große Anzahl von Menschen infiziert. Sie wussten ja auch nicht, wie schnell wir uns verbreiten können.

Am 23. Januar 2020 gab es bereits so viele Infizierte, dass die Stadt Wuhan abgeriegelt wurde. Es durfte niemand mehr ein- oder ausreisen und alle mussten einen Mundschutz tragen. Trotz dieser strikten Maßnahmen verbreiteten wir uns weiter in China und steckten so über 80.000 Menschen in kürzester Zeit an.

Den Rest erledigte die globalisierte Welt. Menschen aus vielen Ländern, die geschäftlich oder touristisch in Wuhan unterwegs waren sind ohne es zu ahnen mit uns Covids nach Hause gefahren oder geflogen.

Wie die Welt auf die Pandemie reagierte

Aus immer mehr Ländern kamen nun Meldungen von unserer Ankunft. Jedes Land reagierte darauf mit anderen Maßnahmen. China, Korea und Japan haben sehr drastische Maßnahmen ergriffen. Europa dachte wohl, weit weg zu sein und fing mit kleineren Einschränkungen an. Amerika schien alles zu ignorieren und Afrika hatte keine gemeldeten Fälle.

Spätestens, als die WHO die Pandemie erklärte, hätten alle Länder der Welt die gleichen Maßnahmen treffen müssen. So global ist Eure Welt aber leider auch nicht.

Maßnahmen in Deutschland

Bleiben wir in Europa und in Deutschland. Als die ersten bestätigten Fälle auftraten, wurde stückchenweise gehandelt. Nach dem ersten Infektionsfall in Deutschland, am 28. Januar 2020, hieß es von Seiten der Politik: „Deutschland ist gut vorbereitet."

Erst Ende Februar wurde ein Krisenstab zwischen dem Innenministerium und dem Gesundheitsministerium eingerichtet.

Mitte März wurden in vielen Bundesländern Maßnahmen beschlossen, um unsere Verbreitung zu verlangsamen. So wurden beispielsweise Großveranstaltungen verboten. Erst wurden Veranstaltungen über 1.000 Personen verboten.

Ihr Menschen seid schon lustig. Woher kam die Zahl? So eine Begrenzung macht keinen Sinn. Ob ein Mensch mit mir, Covid, im Stadion zwischen 30.000 Fußball-Fans steht oder sich im Park mit drei Freunden trifft, ist egal. Er wird wahrscheinlich drei Personen anstecken. Die direkte Ansteckung bei einer gerade infizierten Person ist sehr gering, da wir Viren uns erst vermehren müssen. In beiden Fällen hätten sich also 3 Freunde angesteckt.

Zum Problem werden wir Covids nach etwa drei Tagen. Dann haben wir uns in den drei Freunden vermehrt und sie können wiederum drei Freunde anstecken. Machen wir folgendes Rechenbeispiel:

Person 1 infiziert 3 Personen
Jede der drei Personen infiziert **nach etwa drei Tagen** ebenfalls **3** weitere Personen, das ergibt neun infizierte Personen (3 x 3 = **9**).
Am **Tag 6** stecken die nun 9 infizierten Freunde weitere 3 Personen an = **27** Infizierte.
Am **Tag 9** infizieren nun 27 Freunde jeweils weitere 3 Personen = **81** Infizierte.
Tag 12 = 81 infizieren weitere 3 = **243**
Tag 15 = 243 infizieren weitere 3 = **729**
Tag 18 = 729 infizieren weitere 3 = **2.187**
Tag 21 = 2.187 infizieren weitere 3 = **6.561**
Tag 24 = 6.561 infizieren weitere 3 = **19.683**
Tag 27 = 19.683 infizieren weitere 3 = **59.049**
Tag 30 = 59.049 infizieren weitere 3 = **177.144**
Tag 33 = 177.144 infizieren weitere 3 = **531.441**
Tag 36 = 531.441 infizieren weitere 3 = **1.594.323**
Tag 39 = 1.594.323 infizieren weitere 3 = **4.782.969**

So könnten sich in 39 Tagen knapp fünf Millionen Menschen infizieren. Das kann nur verhindert werden, wenn alle Kontakte untereinander vermieden werden.

Der Bundesregierung war schnell klar, dass die Krankenhäuser schnell überlastet sein würden, wenn sich die Pandemie wie im Rechenbeispiel ausbreitet. So viele Patienten können nicht auf einmal behandelt werden.

Viele Menschen würden sterben, wie es leider in Italien, Spanien und anderen Ländern geschah.

Darum wurde beschlossen, Kitas, Schulen, Restaurants und viele Geschäfte zu schließen, um unnötige Kontakte zu vermeiden. So sollte die Pandemie verlangsamt werden.

So steigt die Ansteckung ohne Kontaktsperre

So viele Personen können wir höchstens im Krankenhaus versoergen

So ist der optimale Verlauf mit Kontaktsperre

Ab dem 18. März 2020 wurden alle Versammlungen und Veranstaltungen verboten, Kirchen, Synagogen, Moscheen, Kultur- und Bildungseinrichtungen wurden auch geschlossen. Am 22. März 2020 wurde ein „umfassendes Kontaktverbot" beschlossen. So kam es zu dem Sicherheitsabstand von 1,5 m bis 2 m. Die Restaurants und Bars wurden auch geschlossen. Sie durften nur noch Speisen und Getränke zum Mitnehmen verkaufen. Spazieren gehen und Sport treiben im Freien wurde nicht verboten, mit der Einschränkung den Sicherheitsabstand einzuhalten.

An dieser Stelle könnt Ihr allen Menschen in Deutschland dafür danken, dass sie sich an die einschneiden Maßnahmen gehalten haben. Wir Covids konnten uns ab diesem Zeitpunkt in Deutschland nicht mehr so einfach verbreiten.

Solidarität in Krisenzeiten

Sehr viele Menschen waren von den Einschränkungen existentiell hart betroffen. Umso belastender die Einschränkungen jedoch wurden, umso größer wurde die Solidarität im Land.

Junge Menschen gingen für die sehr gefährdeten älteren Menschen einkaufen. Betriebe und Unternehmen führten das Home-Office ein, um die Ansteckungsgefahr am Arbeitsplatz weitestgehend einzudämmen und dadurch gleichzeitig die fehlende Kinderbetreuung zu ermöglichen. Supermärkte organisierten die Einhaltung des Sicherheitsabstandes mit kreativen Mitteln. Wer über eine Nähmaschine, Stoff und Kreativität verfügte, nähte Mundschutzmasken. Restaurants kochten weiter für die ärmeren Menschen.

Vor allen Menschen, die diese Initiativen ins Leben gerufen und umgesetzt haben, ziehe ich respektvoll meinen Hut.

Das Klopapier-Mysterium

Von einem auf den anderen Tag gab es in Deutschland kein Klopapier mehr zu kaufen. Die Regale waren leer und eine kleine „Hygiene-Panik" breitete sich aus. Sind die Menschen verrückt geworden? Was war passiert?

Wir müssen etwas vorher beginnen, denn die Ursachen sind menschlich. Als wir Covids uns verbreiteten, stellten Wissenschaftler Folgendes fest: Die Zeit zwischen dem ersten Kontakt eines Menschen mit uns Covids bis zum Ausbruch der Krankheit beträgt maximal 14 Tage. Das nennt der Wissenschaftler die Inkubationszeit.

Das bedeutet, dass wenn Herr Müller an mir, Covid, erkrankt ist und unvorsichtigerweise seine Frau küsst, übergibt er ein paar von uns Covids in ihren Mund. Das ist der sogenannte Tag Eins, der erste Tag der Ansteckung.

Nun dauert es ein paar Tage, bis wir Covids uns so stark vermehrt haben, dass Frau Müller krank wird. Das kann bis zu zwei Wochen dauern. In diesen zwei Wochen kann Frau Müller aber weitere Personen anstecken. Ist Frau Müller nach zwei Wochen nicht krank, dann hatte sie Glück, oder ein gut funktionierendes Abwehrsystem.

Was hat das nun mit dem Klopapier-Mangel zu tun?

Die Wissenschaftler haben mit diesem Wissen die sogenannte Quarantänezeit von zwei Wochen festgelegt. Sie haben gesagt, wer zum Beispiel Kontakt mit Herrn Müller hatte, muss zwei Wochen zu Hause bleiben und darf keinen Kontakt zu anderen Menschen haben. Dadurch wollte man die weitere Verbreitung von uns Covids verhindern. Soweit war das auch gut und richtig.

Als nun die Menschen in Deutschland hörten, dass sie eventuell zwei Wochen zu Hause bleiben müssten, haben viele für zwei Wochen vorrätig eingekauft. Da der Deutsche gerne und viel verreist, waren sehr viele Menschen unsicher, ob sie Kontakt zu einer infizierten Person hatten.

So haben sehr viele Menschen plötzlich doppelt so viel Klopapier gekauft wie normalerweise. Darauf waren die Klopapier-Hersteller aber nicht eingestellt. Sie konnten ihre Produktionsmenge nicht so schnell verdoppeln. Deshalb standen die Menschen plötzlich vor leeren Klopapier-Regalen.

Mundschutzmasken-Mangel

Nicht nur Klopapier wurde knapp, sondern auch so wichtige Dinge wie zum Beispiel Mundschutz und Desinfektionsmittel. Plötzlich brauchte die ganze Welt diese beiden Artikel, um sich vor uns Covids zu schützen.

Einige Menschen waren verwundert darüber, wie es sein konnte, dass so wichtige Schutz-Utensilien nicht ausreichend auf Lager sind. Aber auch das ist normal, denn Ihr könnt nicht alles vorrätig lagern, nur für den Fall, dass irgendwann einmal etwas passiert. Die Menschen möchten sich nicht mit Katastrophen beschäftigen. Schon gar nicht mit einer weltweiten Pandemie.

Zu diesem menschlichen Aspekt kam wieder ein anderer wichtiger hinzu. Der Ausbruch von uns Covid begann ja in China. Ausgerechnet dort werden die meisten Schutzmasken weltweit hergestellt. Weil dort aber das Leben fast stillstand, konnten die notwendigen Mundschutzmasken nicht produziert und in die Welt verschickt werden.

 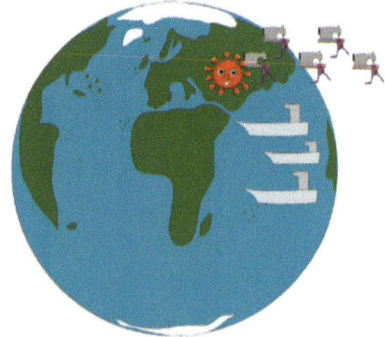

Vor dem Ausbruch   nach dem Ausbruch

Das ist Teil der Globalisierung und des wirtschaftlichen Denkens. Ihr Menschen produziert viele lebenswichtige Dinge in Ländern, die ein sehr niedriges Lohnniveau haben. Nur damit es billig ist und man beim Verkaufen viel Geld verdienen kann. Die Pandemie wird zeigen, ob das ein guter Weg ist.

Zum Anfang der Pandemie hatte Deutschland noch genug Mundschutzmasken für das Personal in den Krankenhäusern, Altenheimen und Arztpraxen. Die Wissenschaftler kamen zu der Theorie, dass die Verbreitung von uns Covids gebremst werden könnte, wenn jede Person einen Mundschutz tragen würde.

Daraufhin gab es kaum noch Mundschutzmasken und die Preise stiegen um das Vielfache. Die Theorie der Wissenschaftler stimmte zwar, konnte aber nicht mehr umgesetzt werden. So bekamen nur noch Ärzte und Pflegepersonal die Masken, da sie mit infizierten Personen arbeiten müssen.

Auch dieser Notstand führte dazu, dass viele Menschen solidarisch handelten. Viele Privatpersonen und kleine Unternehmen nähten Mundschutzmasken. So konnte der Missstand zumindest ein wenig reduziert werden.

Die Kontaktsperre und der Sicherheitsabstand

Die Wissenschaftler mussten nun einen alternativen Schutz gegen uns Covids finden. Sie legten den Sicherheitsabstand fest. Man einigte sich darauf, dass die Tröpfchen mit uns Covids beim Sprechen nicht weiter fliegen können als 1,5 bis 2 Meter. Dieser Sicherheitsabstand hat also einen ähnlichen Effekt wie das Tragen einer Mundschutzmaske.

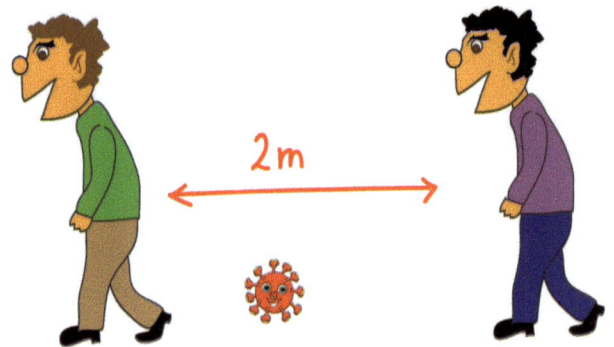

Wenn eine Person allerdings hustet oder niest, reicht der Abstand nicht aus. Es wurde beschlossen, in die Armbeuge zu niesen und zu husten. Haltet ihr euch beim Husten nur die Hand vor den Mund, bleiben wir an der Hand kleben und gelangen so an Türklinken und andere Flächen. Dort harren wir geduldig, bis uns ein anderer Mensch mit seiner Hand aufnimmt.

Einen Mundschutz solltet Ihr aber tragen, wenn ihr zum Beispiel im Bus fahrt, Einkaufen geht oder irgendwo in einem Raum mit mehreren Personen zusammen seid. Denn wir Covids können auch einen Moment in der Raumluft schweben. Darum müsst Ihr regelmäßig lüften, damit wir vom Wind weggetragen werden.

So entstanden die sechs wichtigsten Verhaltensregeln für euch:

1. Niese oder huste in die Armbeuge oder in ein Taschentuch – das Taschentuch werfe anschließend in einem Mülleimer mit Deckel.
2. Halte die Hände vom Gesicht fern – vermeide es, mit den Händen Mund, Augen oder Nase zu berühren.
3. Halte ausreichend Abstand zu Menschen, die Husten, Schnupfen oder Fieber haben – auch aufgrund der andauernden Grippe- und Erkältungswelle.
4. Vermeide Berührungen (z.B. Händeschütteln oder Umarmungen) – wenn du andere Menschen begrüßt oder verabschiedest.
5. Wasche regelmäßig und ausreichend lange (mindestens 20 Sekunden) deine Hände mit Wasser und Seife – insbesondere, nach dem Nase putzen, Niesen oder Husten.
6. Seid Ihr mit mehreren Personen in einem Raum (z.B. beim Einkaufen oder in der Bahn), müsst Ihr einen Mundschutz tragen.

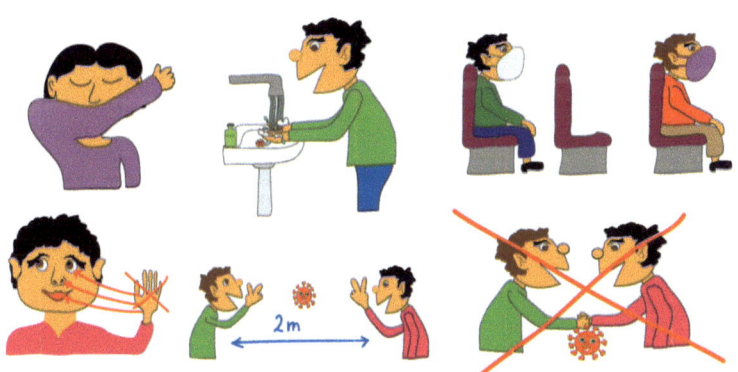

Was ist, wenn Ihr gegen uns Covids gewonnen habt?

Es wird noch lange dauern, bis wir verschwunden sind und alles so wird wie vorher. Ihr müsst Euch die Frage stellen, ob Ihr wirklich wollt, dass es so weiter gehen soll wie vorher.

Diese Frage muss jeder für sich beantworten!

Ansonsten werdet Ihr vielleicht einen Impfstoff finden, der uns von Euch fernhält. Wir leben dann wie vorher in den Fledermäusen weiter.

Die Wirtschaft wird sich wieder stabilisieren und der Alltag Einzug halten. Schon sehr schnell werdet Ihr uns Covids und die Pandemie vergessen.

Aber genau das solltet Ihr verhindern! Denn wenn Ihr nichts ändert, kommt die nächste Pandemie möglicherweise sehr schnell. Andere Covids werden sich ausbreiten und die Auswirkungen kann niemand vorhersehen.

Vergesst bitte auch nicht die Menschen in anderen ärmeren Ländern, die wir Covids sehr schlimm getroffen haben. Sie brauchen jetzt eure Hilfe.

Danken solltet ihr besonders denen, die sich täglich gegen uns Covids gestemmt haben.

Dankt also...

dem medizinischen Personal in den Krankenhäusern,

Unikliniken, Haus- und Facharztpraxen und Rehaeinrichtungen.

den vielen Pflegekräften auf den Intensivstationen, den Infektionsabteilungen und allen anderen Bereichen in den medizinischen Einrichtungen.

den Pflegerinnen und Pflegern, die in den Altenheimen für eure, Omas und Opas ihr Bestes geben haben.

den Mitarbeiterinnen und Mitarbeitern sowie den vielen Freiwilligen von DRK, Diakonie, THW, Johaniter, Malteser und wie die gemeinnützigen Organisationen alle heißen.

den Mitarbeiterinnen und Mitarbeitern in allen Lebensmittelgeschäften, von der kleinen Bäckerei bis hin zu den Super-, Bau- und Wochenmärkten.

den vielen LKW-Fahrerinnen und -fahrern, die dafür sorgten, dass das Leben nicht zum Stillstand gekommen ist.

den Männern und Frauen, die jederzeit bei der Feuerwehr im Einsatz waren.

den Polizistinnen, Polizisten und den anderen Ordnungskräften, die geduldig für Recht und Ordnung sorgten.

den Mitarbeiterinnen und Mitarbeitern der vielen Ämter wie zum Beispiel Agenturen für Arbeit, Gesundheitsämtern, Finanzämtern, Ämtern in Städten und Gemeinden etc.

den Politikerinnen und Politikern, die parteiübergreifend wichtige Entscheidungen im Sinne eurer Gesundheit getroffen haben.

den Wissenschaftlerinnen und Wissenschaftlern, die Tag und Nacht daran gearbeitet haben einen Impfstoff zu finden und die aktuelle Lage jeden Tag neu bewerten mussten.

den Restaurant-, Kiosk- und Hotelbetreiberinnen und -beteibern und allen freiwilligen Helferinnen und Helfern, die den Armen, Schwachen und Bedürftigen uneigennützig geholfen haben.

den Mitarbeiterinnen und Mitarbeitern der Wirtschaftsbetriebe, die den Müll beseitigt haben und dafür gesorgt haben, dass immer sauberes Wasser aus dem Hahn kam und das Licht nicht ausging.

den kreativen Menschen, die versuchten, die Zeit kulturell am Laufen zu halten.

den Post- und Paketboten, die euch mit Briefen und Paketen beliefert haben.

den Bäuerinnen und Bauern, die weiter ihre Felder bestellt und die Tiere versorgt haben.

Euren Nachbarinnen und Nachbarn, Freundinnen und Freunden und Freiwilligen die euch versorgt haben, wenn Ihr in Quarantäne bleiben musstet.

Duisburg den 18.04.2020

Erklärungen seltener Begriffe:

Erbinformation sind Informationen, die von einem Virus zum anderen weitergegeben werden. So verhalten sich alle Viren einer Art gleich.

Wirtszellen sind spezielle Zellen in denen sich Viren vermehren können. Das können sie in anderen Zellen nicht.

Home-Office ist, wenn Mama oder Papa nicht ins Büro fahren, sondern zuhause am Computer arbeiten.

Gobalisierung bedeutet, dass Menschen auf der ganzen Welt miteinander vernetzt sind, Handel betreiben und kommunizieren. Der Begriff „Globalisierung" entstammt dem Wort „global", was soviel bedeutet wie „die ganze Erde betreffend".

Weitere fotolulu-Kinderbücher

www.fotolulu.de
www.tier-kids.de
www.covid.fotolulu.de